GUIDE

(Nouvelle Édition)

PROPRIÉTAIRE

Raoul SCHWOB
Docteur en Droit
8, Rue Drouot, PARIS - Tél. 163.53

GUIDE

(Nouvelle Édition)

PROPRIÉTAIRE

RAOUL SCHWOB

DOCTEUR EN DROIT

8, Rue Drouot, PARIS - Tél. 163.53

Raoul SCHWOB, Docteur en Droit

8, Rue Drouot, PARIS. — Téléph. 163.53

LE GUIDE DU PROPRIÉTAIRE

Nouvelle Edition revue et augmentée

Offert gratuitement à MM. les Propriétaires

TABLE DES MATIÈRES

Gérance et Ventes d'Immeubles. Rentes viagères. Consultations & Expertises.

DROITS et OBLIGATIONS des PROPRIÉTAIRES et LOCATAIRES

Baux et Locations verbales.

Il n'existe pas à proprement parler de locations purement verbales. Pour celles-ci comme pour les baux, les parties rédigent des actes écrits. Ce qui différencie les locations à baux des locations verbales, c'est que les premières sont consenties pour une durée déterminée, qui doit être mentionnée dans l'acte écrit dit « **bail** », tandis que pour les locations verbales, la durée n'est jamais mentionnée dans l'acte écrit dit « **engagement de location** ». Il est en général de convention tacite qu'une location verbale dure indéfiniment, ou, plus exactement, jusqu'à ce que l'une des parties donne congé à l'autre. (*Voir page 14 les règles relatives aux congés*).

Une autre différence sépare les baux et engagements de location en ce qui concerne leur situation vis-à-vis de l'enregistrement (*Voir page 6*).

Mais qu'il s'agisse de locations verbales ou de locations à baux, il y a toujours rédaction d'actes écrits soumis aux même règles :

Baux et engagements de location doivent être rédigés sur papier timbré en autant d'originaux que de parties ; ils doivent contenir les noms, qualités et professions des parties, la désignation des locaux loués, le prix de location et les clauses accessoires (charges incombant aux locataires, réparations convenues, etc.) ; ils ne doivent contenir ni blancs, ni abréviations ; les mots rayés nuls doivent être comptés et les renvois en marge paraphés ; la signature des parties doit être précédée de la mention « lu et approuvé ».

En droit, baux et engagements de location sont donc soumis aux mêmes règles de rédaction, mais dans la pratique ces règles ne sont généralement observées que pour les baux. En voici la raison : les parties engagées par des baux sont obligées pour une durée habituellement longue ; elles ont grand intérêt à bien spécifier les conditions de la location et à observer les règles de validité imposées par la loi.

Enregistrement.

§ 1er) Baux.

Montant du droit. — Il est de 0 fr. 25 % du montant du prix du bail calculé en multipliant le loyer annuel par la durée du bail, avec faculté pour les baux par périodes, de n'acquitter le droit que pour la première période. Le droit est perçu également sur les charges supportées par le locataire en sus de son loyer (eau, ascenseur, etc.) sauf cependant sur les charges incombant légalement aux locataires (portes et fenêtres, ordures ménagères, etc.).

Délai. — Un bail doit être enregistré dans les 3 mois *de sa date*. La non-déclaration est aux risques des 2 contractants qui sont solidaires pour le paiement des droits. Une clause usuelle les met le plus souvent à la charge du locataire seul.

Pénalités. — En cas de non déclaration dans les délais, preneur et bailleur sont passibles chacun d'un droit en sus, (avec minimum de 62 fr. 50) soit 125 fr. d'amende au total. Cependant, si durant le 4e mois, le bailleur présente le bail à l'enregistrement, même sans acquitter le droit, ou si dans le même délai le preneur fait enregistrer et acquitte le droit, le bailleur est déchargé de l'amende.

En cas de déclaration inexacte quant au montant du loyer, l'amende consiste dans la perception du double du droit ordinaire.

Remise des peines. — Les contrevenants obtiennent facilement une remise partielle. La demande en remise de peine doit être adressée sur papier timbré au receveur. Le plus souvent l'amende est réduite au 1/10me (soit 6 fr. 25 au lieu de 62 fr. 50).

§ 2) **Locations verbales.**

Montant du droit. — Il est de 0 fr. 25 %. Sont exemptées les locations verbales de 100 fr. et au-dessous.

Délai. — Le délai, de même que pour les baux, est de 3 mois, *mais à compter de l'entrée en jouissance*. Le droit est à la charge du preneur, mais l'obligation de la déclaration et du paiement incombe au bailleur, sauf son recours contre le preneur. Il est exigible à chaque terme. A cet effet les propriétaires doivent remettre chaque année au bureau de l'Enregistrement, un détail des locations verbales, dressé selon la formule délivrée par l'Administration.

Pénalités. — La pénalité pour défaut de déclaration dans les délais est comme pour les baux, d'un droit en sus (avec minimum de 62 fr. 50), mais pour les locations verbales le bailleur *seul* est passible de cette pénalité. Il est dû autant d'amendes qu'il y a de locations distinctes non déclarées. En cas de déclaration inexacte quant au montant du loyer l'amende consiste dans la perception du double du droit ordinaire.

Remise des peines. — Comme pour les baux (*voir ci-dessus*).

RECEVEURS DE L'ENREGISTREMENT POUR LES BAUX ET LOCATIONS VERBALES

ARR[t]	BUREAUX	ARR[t]	BUREAUX
1er	Rue des Moulins, 10.	11e	Faubourg Saint-Antoine, 261.
2e	Rue de la Banque, 13.	12e	Rue Picpus, 14.
3e	Boulevard Beaumarchais, 81.	13e	Place d'Italie, 10.
4e	Quai de l'Hôtel-de-Ville, 46.	14e	Rue Sarrette, 30.
5e	Rue Claude-Bernard, 23.	15e	Villa Poirier, 3.
6e	Rue du Dragon, 12.	16e	Rue Gustave-Courbet, 14.
7e	Avenue de Ségur, 53.	17e	Rue Clairaut, 10.
8e	Rue du Rocher, 40.	18e	Rue Lécuyer, 1 bis.
9e	Rue Baudin, 29.	19e	Rue de Flandre, 10.
10e	Rue Lafayette, 180.	20e	Rue de la Bidassoa, 1.
Bureaux ouverts de 9 à 4 heures.			

Entrée en jouissance.

L'entrée en jouissance a lieu à Paris aux termes de janvier, avril, juillet et octobre, à la date du 8 pour les locaux de 400 fr. et au-dessous, et à la date du 15 pour ceux au-dessus de 400 fr.

Réparations. Etat des lieux.

Réparations à l'entrée du locataire.

Le propriétaire doit remettre au preneur les lieux loués en bon état de réparations. Il doit effectuer à son compte toutes les réparations nécessaires, sauf convention les mettant à la charge du locataire.

Si à la prise de possession, il n'a pas été dressé d'état des lieux, le locataire est censé avoir pris les locaux en bon état. Les frais de l'état des lieux doivent être partagés par moitié, à moins de convention contraire, convention d'ailleurs usuelle.

Réparations pendant la durée de la location.

1°) *Réparations demandées par le locataire.* — Durant la location, le propriétaire est tenu de faire les grosses réparations, à la condition, bien entendu, qu'elles ne soient pas rendues nécessaires par la faute du locataire. Il faut entendre par grosses réparations, non seulement le « clos et le couvert » (bon état des gros murs et de la toiture), mais encore les réparations de gros entretien. Il est difficile d'en donner une énumération.

On peut citer : le mauvais état du parquetage, des serrures, de la robinetterie etc., etc. Ce sont des réparations rendues nécessaires par la vétusté ou le cas de force majeure, ou encore par la faute d'une tierce personne dont le locataire n'est pas responsable.

Le locataire peut obliger le propriétaire à exécuter les réparations nécessaires. En cas de refus il peut s'adresser aux tribunaux et obtenir, en sus de l'exécution des travaux, des dommages-intérêts, ou encore, la résiliation du bail.

En cas de travaux urgents refusés par le propriétaire, le locataire a-t-il le droit de les faire exécuter lui-même ? Il fera bien de s'y faire autoriser en référé par le président du tribunal, qui ordonnera l'exécution des travaux s'ils sont urgents, sans juger à qui ils incomberont en définitive, question que tranchera par la suite le tribunal. En tous cas le locataire qui procèderait aux réparations d'office, c'est-à-dire, sans autorisation de la justice, n'aurait pas le droit de retenir sur son loyer le coût des réparations. Un jugement seul peut l'y autoriser.

2°) *Réparations urgentes non demandées par le locataire.* — Le cas est prévu par l'article 1724 du Code civil. « Si durant la location, la chose louée a besoin de réparations urgentes et qui ne peuvent être différées jusqu'à sa fin, le preneur doit les souffrir, quelque incommodité qu'elles lui causent et quoiqu'il soit privé pendant qu'elles se font, d'une partie de la chose louée. Mais si ces réparations durent plus de 40 jours le prix de la location sera diminué à proportion du temps et de la partie de la chose louée dont il aura été privé. »

Réparations à la fin de la location.

Le locataire doit restituer les locaux en bon état, ou du moins dans l'état conforme à l'état des lieux, s'il en a été dressé un. Locataire et propriétaire doivent examiner ensemble les locaux et s'entendre à ce sujet. Si l'entente est impossible, le propriétaire peut poursuivre le locataire. *(Voir ci-dessous les garanties et privilège du propriétaire).*

Les réparations doivent être effectuées par le locataire avant sa sortie. Le plus souvent cette obligation se traduit par le paiement au propriétaire d'une somme d'argent représentant le coût des travaux à faire.

Si le propriétaire a pris possession des clefs, sans avoir visité les locaux en présence du locataire avant son départ, il peut réclamer ultérieurement le coût des réparations, mais à la condition qu'il agisse dans un délai très court (8 à 15 jours), et qu'un nouveau locataire n'ait pas pris possession des locaux.

Garanties du propriétaire. Son privilège.

Sur quoi repose le privilège du propriétaire et ce qu'il garantit?

Le locataire doit garnir de meubles les lieux loués. Le propriétaire a sur ces meubles un privilège, qui lui garantit l'exécution des obligations du locataire (réparations locatives, paiement du loyer). Les meubles doivent être de valeur suffisante pour répondre du terme en cours et du suivant.

Ce privilège s'étend sur tout ce qui garnit les lieux loués : il faut excepter toutefois : le coucher nécessaire des saisis, ceux de leurs enfants vivant avec eux ; les habits dont les saisis sont vêtus et couverts. Il faut excepter encore les meubles ou objets appartenant, le propriétaire en ayant connaissance, à des tierces personnes (meubles en location), ou déposés chez le locataire à raison de sa profession (objets à réparer). Enfin le privilège du propriétaire ne s'étend pas sur l'argent, les valeurs mobilières et les bijoux. Le propriétaire ne peut en faire état et les considérer comme son gage, car le plus souvent il en ignore l'existence lors de l'emménagement du locataire.

Comment s'exerce ce privilège.

Actions en paiement du loyer et en expulsion. Compétence.

Si le locataire ne paie pas son terme à l'échéance, le propriétaire peut le poursuivre en paiement et en expulsion.

En ce qui concerne l'action en paiement, le juge de paix est compétent pour toute réclamation de loyer total ou partiel jusqu'à 300 fr. en dernier ressort et jusqu'à 600 fr. inclusivement à charge d'appel. Les réclamations au-dessus de ce chiffre doivent être portées devant le tribunal de 1re instance.

En ce qui concerne l'action en expulsion, les règles de compétence sont les mêmes, mais c'est sur le chiffre annuel du loyer qu'il faut se baser. Autrement dit, pour tout loyer annuel jusqu'à 600 fr., le juge de paix est compétent ; au-dessus de 600 fr., c'est le Tribunal de 1re instance.

Saisie-gagerie et saisie-exécution.

En même temps qu'il intente les actions en paiement et en expulsion, le propriétaire peut prendre des mesures conservatoires de nature à sauvegarder sa créance. Ici intervient son privilège, qu'il exercera par la procédure de saisie-gagerie d'abord et de saisie-exécution ensuite.

La saisie-gagerie a pour but d'enlever au locataire la libre disposition de ses biens qui doivent être maintenus comme gage du propriétaire pour sauvegarder sa créance.

Si après un commandement de payer par huissier, le locataire ne s'exécute pas dans le délai de 24 heures, le propriétaire fait saisir-gager son mobilier. Le propriétaire doit ensuite faire valider la saisie, par le juge de paix, s'il s'agit d'un loyer non supérieur à 600 fr. et par le Tribunal de 1re instance au-dessus de ce chiffre. Le jugement de validité est signifié au locataire par huissier, qui lui fait à nouveau commandement de payer. Huit jours après, à défaut de paiement, la saisie-gagerie est transformée en saisie-exécution ; c'est-à-dire que l'huissier procède à la vente du mobilier.

Sur le produit de cette vente, déduction faite des frais de justice, le propriétaire pourra se faire payer **avant et de préférence** à tout autre créancier.

Outre cette procédure spéciale, le propriétaire peut recourir à toutes les actions de droit commun ; il peut par exemple faire opposition sur les appointements ou sur une créance de son locataire, mais il n'a pas ici de privilège spécial et s'il vient en concurrence avec d'autres créanciers, il sera payé avec eux au marc-le-franc.

Fin de la location.

Congés : délais, formes et frais.

Délais. — A Paris, les congés doivent être donnés comme suit :

1°) Pour les logements de 400 fr. et au-dessous : au demi terme et au plus tard les 14 février, 14 mai, 14 août, 14 novembre ;

2°) Pour les logements au-dessus de 400 fr. : 3 mois à l'avance et au plus tard les 31 décembre, 31 mars, 30 juin et 30 septembre ;

3°) Pour les maisons entières et les boutiques : 6 mois à l'avance et au plus tard les 31 décembre, 31 mars, 30 juin et 30 septembre.

Dans les 3 cas, si les dates fixées ci-dessus tombent un dimanche ou un jour férié, le congé doit être donné un jour avant.

Les congés donnés en dehors des délais ne sont pas nuls. Ils sont valables pour les délais suivants.

Formes. — Les congés peuvent être donnés verbalement ou par écrit. Le congé verbal a le grave inconvénient de ne pouvoir être prouvé en cas de contestation. Le congé par écrit peut se donner par lettre, recommandée ou non, ou par acte d'huissier. Il n'est pas nécessaire que le congé donné soit accepté pour être valable. Il suffit que preuve soit faite qu'il a été reçu dans les délais réguliers.

Frais —. Les frais du congé sont à la charge de celui qui le donne.

Visite des locaux :

Le locataire est tenu de laisser visiter les locaux pendant la durée du délai de congé, tous les jours de 10 à 4 h. En son absence il doit laisser les clefs au propriétaire ou au concierge.

Sortie du locataire. Réparations.

Le locataire doit quitter les locaux au plus tard le 8 du terme pour les locations de 400 fr. et au-dessous ; le 15 pour celles supérieures à 400 francs.

Il doit laisser les lieux dans létat où ils se trouvaient lors de son entrée en jouissance.

Expulsion.

A l'expiration du délai de congé, si le locataire refuse de quitter les lieux, le propriétaire peut le poursuivre en expulsion. (*Voir page 12 les règles de compétence à ce sujet*). Les frais d'expulsion se montent à 60 francs.

DES IMPOTS, CONTRIBUTIONS ET TAXES
en
MATIÈRE IMMOBILIÈRE

Préambule : Le revenu net imposable.

Les impôts, contributions et taxes qui grèvent la propriété sont les suivants :

1° **La contribution foncière ou impôt foncier ;**
2° **La contribution des portes et fenêtres ;**
3° **La taxe foncière ;**
4° **La taxe d'enlèvement des ordures ménagères ;**
5° **La taxe sur la valeur en capital ;**
(3° à 5° : *dites taxes de remplacement*)
6° **La taxe de balayage ;**
7° **La taxe du tout à l'égout** (*pour les immeubles qui en sont pourvus*).

Nous allons examiner à tour de rôle chacun de ces impôts, mais nous voulons auparavant donner quelques explications sur ce qu'on appelle « **le revenu net imposable** » qui sert de base pour établir le montant de la plupart des impôts ci-dessus.

Il est fait tous les dix ans une évaluation de la valeur locative et de la valeur en capital de tous les immeubles. La valeur locative telle qu'elle résulte de cette évaluation décennale, mais sous déduction de 25 % en considération des frais de réparations, forme ce qu'on appelle le **revenu net imposable** et sert de base immuable pendant 10 ans à la plupart des impôts et taxes qui grèvent la propriété.

La dernière évaluation décennale a eu lieu en 1910.

La fixité décennale de l'évaluation ne fait pas obstacle à la taxation des constructions nouvelles qui sont imposées par comparaison.

En ce qui concerne les réclamations contre ces évaluations, (réclamations pour lesquelles les contribuables jouissent de délais spéciaux), voir plus loin page 21.

Impôt foncier.

Montant. — L'impôt foncier se calcule en multipliant le revenu net imposable, tel qu'il figure sur la feuille des contributions, par le centime le franc de l'impôt foncier des propriétés bâties inscrit sur cette même feuille en marge à gauche. Ce centime le franc très légèrement variable chaque année est actuellement de 0 fr. 07613576.

Exemple : pour un immeuble dont l'évaluation locative décennale est fixée à 40.000 fr. le revenu net imposable est de 30.000 fr. L'impôt foncier sera de 30.000 × 0.07613576 = 2284,07.

A qui incombe-t-il. — L'impôt foncier est une charge de la propriété. Comme tel, il est à la charge du propriétaire seul, qui ne peut le faire supporter à ses locataires, à moins de stipulation contraire formelle.

Contributions des portes et fenêtres.

Elle comprend à Paris un **droit fixe** et un **droit proportionnel**..

Montant du droit fixe. — Il est de 20 fr. par porte cochère ou porte bâtarde à 2 vantaux, de 5 fr. par porte à un vantail et de 0 fr. 70 par porte ou fenêtre faisant communiquer l'extérieur avec l'intérieur.

Montant du droit proportionnel. — Il est basé sur le revenu net imposable qui sert de base à l'impôt foncier et se calcule en multipliant ce revenu, par le centime le franc de ce droit proportionnel qui est inscrit sur la feuille des contributions en marge et à gauche. Très légèrement variable, il est actuellement de 0 fr. 01524675.

A qui incombe la contribution des portes et fenêtres. — La contribution des portes et fenêtres est imposée au nom du propriétaire. C'est lui qui en fait l'avance, sauf son recours contre le locataire, pour le remboursement de la part lui incombant, à raison des locaux qu'il occupe. S'il y a plusieurs locataires, toutes les ouvertures d'usage commun restent à la charge du propriétaire à moins de convention contraire.

Pour calculer la part incombant à chaque locataire, le propriétaire doit établir son compte comme suit :

1°) *Droit fixe :* chaque porte ou fenêtre extérieure 0 fr. 70 ; 2°) *droit proportionnel :* déduire 1/4 du loyer et multiplier le chiffre obtenu par le centime le franc du droit proportionnel 0.01524675, ou, ce qui est plus rapide, multiplier le chiffre total du loyer par 0.012 (ce dernier chiffre représente en effet très approximativement les 3/4 de 0.01524675).

Taxe foncière.

Montant. — Elle est de 2 fr. 50 % du revenu net imposable. Il suffit donc, pour en calculer le montant, de multiplier le revenu net imposable par 0 fr. 025.

A qui incombe-t-elle. — Cette taxe incombe légalement au propriétaire, qui ne peut en réclamer le remboursement à ses locataires, sauf convention spéciale.

Taxe d'enlèvement des ordures ménagères.

Montant. — Elle se calcule à raison de 1.0666 %, du revenu net imposable. Toutefois elle ne porte pas sur les usines, ni sur les maisons ou parties de maisons louées pour un service public, ni sur les locaux *d'habitation* d'une valeur locative inférieure à 500 fr. A noter que cette faveur ne s'applique pas aux locaux *commerciaux* d'un loyer inférieur à 500 fr. ; elle s'applique seulement aux locaux d'habitation .

A qui incombe-t-elle. — Cette taxe est exigible contre le propriétaire, sauf son recours contre les locataires, pour le remboursement de la somme due, à raison des locaux occupés par eux.

Pour calculer la part incombant à chaque locataire, le propriétaire doit déduire 1/4 du loyer et multiplier le chiffre obtenu par 1.0666 %. Plus pratiquement, il lui suffira de multiplier le chiffre du loyer total par 0.80 (ce dernier chiffre représente en effet les 3/4 de 1.0666 %).

Taxe sur la valeur en capital.

Montant. — La revision décennale, dont il a été parlé ci-dessus à propos de l'impôt foncier, porte non seulement sur la valeur locative des propriétés, mais encore sur leur valeur en capital. C'est cette évaluation décennale qui sert de base à la taxe sur la valeur en capital. Elle est de 0 fr. 10 pour 100 de la valeur en capital établie selon la revision décennale.

A qui incombe-t-elle. — Cette taxe incombe légalement au propriétaire, qui ne peut la faire supporter à ses locataires, à moins de stipulation contraire formelle.

Taxe de balayage.

Montant. — Elle est basée proportionnellement à la façade de l'immeuble et à la largeur de la rue sur laquelle cet immeuble est en bordure. Elle se calcule selon le tarif du 25 décembre 1899, qui fait varier le montant de la taxe, selon l'importance des voies, qui sont classées en 8 catégories.

A qui incombe-t-elle. — Cette taxe incombe légalement au propriétaire
vention contraire, usuelle d'ailleurs.

Taxe du tout à l'égoût (pour les immeubles qui en sont pourvus).

Montant. — Elle est basée sur le revenu net imposable établi selon l'évaluation décennale, dont il a été parlé ci-dessus à propos de l'impôt foncier. Elle se calcule d'après un tarif établi par la loi du 10 juillet 1894.

Ce tarif n'est pas strictement proportionnel : il est gradué, et chaque degré correspond à une catégorie de maisons d'un revenu net imposable minimum et maximum déterminés.

A qui incombe-t-elle. — Cette taxe incombe au propriétaire, sauf stipulation contraire.

Réclamations.

§ 1er Réclamations contre les évaluations résultant de la revision décennale.

Tout propriétaire est admis à réclamer contre l'évaluation attribuée à sa maison, dans les six mois à dater de la publication du premier rôle dans lequel la nouvelle évaluation lui est appliquée, et trois mois après chacun des deux rôles suivants. En dehors de ce cas, le propriétaire, pour avoir droit à réclamer contre l'évaluation de sa maison, doit justifier de circonstances exceptionnelles ayant entraîné la dépréciation de l'immeuble.

La dernière évaluation décennale a eu lieu en 1910. Les propriétaires ont eu un délai de 6 mois en 1911 à partir de la publication des rôles, de 3 mois en 1912 et 3 mois en 1913 pour réclamer contre les évaluations nouvelles attribuées à leurs immeubles.

La fixité décennale de l'évaluation ne fait pas obstacle à la taxation des constructions nouvelles, qui sont imposées par comparaison. Cependant les constructions nouvelles ne sont soumises à l'impôt foncier que la 3e année après leur achèvement. Le délai de réclamation est celui fixé ci-dessus.

Pour la forme de ces réclamations, voir ci-dessous le paragraphe 2, où il est traité des réclamations écrites adressées au Préfet.

$ 2 **Réclamations en cas d'erreur matérielle.**

Les contribuables qui se croient imposés inexactement (erreur de calcul ,faux ou double emploi etc., etc.) peuvent réclamer dans les conditions suivantes :

1°) Par voie de réclamations écrites adressées au Préfet, dans les 3 mois qui suivent la publication des rôles. La réclamation doit être faite sur papier timbré à 0 fr. 60 si la réclamation porte sur une erreur de 30 fr. ou plus.

La réclamation doit, sous peine d'irrecevabilité, mentionner la contribution à laquelle elle s'applique et, à défaut de la production de l'avertissement, le numéro de l'article du rôle sous lequel figure cette contribution (on trouvera ce numéro sur l'avertissement) ; enfin elle contiendra un exposé sommaire des moyens par lesquels l'auteur de la réclamation prétend la justifier.

Si la demande est reconnue bien fondée les frais de timbres sont remboursés.

2°) Par voie de réclamation sur les registres des mairies, dans le mois qui soit la publication des rôles .

Si la demande est rejetée le contribuable peut réclamer au Préfet comme il est dit ci-dessus. Il conserve ce droit durant un mois à dater de la notification du rejet de sa demande, ou jusqu'à l'expiration du délai de 3 mois à dater de la publication des rôles.

Dégrèvements et exemptions de contributions et taxes.

Les constructions nouvelles, les « habitations à bon marché », les maisons démolies ou incendiées jouissent de dégrèvements et exemptions, sous certaines conditions que nous allons examiner.

1°) **Constructions neuves.** — Les constructions nouvelles et additions de constructions ne sont soumises à l'impôt foncier que la 3e année qui suit leur achèvement.

2°) **Habitations à bon marché.** — Sont exonérées de l'impôt foncier et de la contribution des portes et fenêtres, de la taxe foncière de 2,50 % et de la taxe sur la valeur vénale, pendant 12 années à dater de l'achèvement de la construction, les habitations dites « à bon marché » sous la condition que la valeur locative des logements de ces immeubles ne dépasse pas 550 francs.

La demande d'exonération doit être faite dans les 4 mois à partir de l'ouverture des travaux. En outre, la construction terminée, le propriétaire doit produire, dans un délai de 3 mois à dater de l'achèvement de la construction, un certificat de salubrité.

3°) **Maisons démolies ou incendiées.** — Des dégrèvements totaux ou partiels de tous les impôts, contributions et taxes peuvent être accordés en cas de destruction totale ou partielle, volontaire ou accidentelle. Toute demande en ce sens doit être rédigée sur papier timbré, adressée au Préfet, dans le délai de 15 jours à dater de la démolition ou de l'incendie.

Remises d'impôts par suite de vacances.

Impôt foncier. — En cas de vacance ayant duré *1 an au moins*, le propriétaire peut obtenir remise ou modération de l'impôt foncier.

Portes et fenêtres. — Il suffit pour obtenir une remise d'impôts que la vacance ait été *d'un trimestre au moins.*

Taxe foncière. — Aucun dégrèvement en cas de vacance.

Taxe d'enlèvement des ordures ménagères. — Elle peut donner lieu à remise d'impôt en cas de vacance *d'un trimestre au moins.*

Taxe sur la valeur en capital. — Aucun dégrèvement en cas de vacance.

Délais et formes de la présentation des demandes de remise d'impôts. — Les propriétaires doivent déclarer régulièrement à chaque trimestre dans le courant de janvier, avril, juillet, octobre, au bureau du percepteur de la situation de l'immeuble, tous leurs locaux vacants.

Lors de la première déclaration de vacance, le percepteur remet au propriétaire un récépissé, qui doit être représenté à chaque déclaration trimestrielle, afin que le percepteur y inscrive la mention des déclarations subséquentes.

A défaut de ces déclarations trimestrielles, les propriétaires intéressés peuvent toujours présenter au Préfet dans les 15 jours qui suivent, soit une période annuelle de vacance, soit la cessation de la vacance, une réclamation sur papier timbré à 0 fr. 60.

Il est intéressant de remarquer, que les déclarations trimestrielles chez le percepteur. doivent être faites dans le mois de l'ouverture de la vacance, tandis que la réclamation à la Préfecture doit être formulée dans les 15 jours qui suivent soit une année complète de vacance, soit la cessation de la vacance.

Résumé : Impôts incombant légalement aux locataires.

De tout ce qui précède, il résulte que les charges incombant légalement aux locataires, comprennent la contribution des portes et fenêtres (droit fixe et droit proportionnel), la taxe d'enlèvement des ordures ménagères et l'enregistrement pour les locations verbales (1).

Toutes les autres charges doivent être supportées par le propriétaire, sauf stipulation contraire. Il est en effet loisible aux parties, propriétaire et locataire, de stipuler spécialement, que tel impôt ou telle charge incombant légalement à l'un d'eux, sera acquitté par l'autre. Ainsi il est d'usage courant de mettre à la charge des boutiquiers, proportionnellement à la façade qu'ils occupent, la taxe de balayage, mais il faut pour cela une stipulation formelle.

Outre les contributions, taxes et droits d'enregistrement, il est d'usage d'imposer aux locataires, diverses charges supplémentaires concernant par exemple l'eau, les tapis, l'ascenseur. Il est nécessaire, pour qu'il puisse en exiger le paiement, que le propriétaire l'ait stipulé dans le bail ou engagement de location.

(1) Cependant l'enregistrement des baux écrits n'est pas à la charge exclusive du propriétaire. Légalement ce droit doit être partagé par moitié. Le plus souvent une clause spéciale du bail le met à la charge du locataire seul-

AVIS AUX PROPRIETAIRES

Notre service de gérance.

Nous informons MM. les Propriétaires que nous nous chargeons à des conditions très modérées de l'administration de tous immeubles de rapport.

Nous limitons les non-valeurs au minimum par un jeu facile de locations dans les divers immeubles que nous administrons ; nous sommes en effet souvent à même de satisfaire un locataire désirant changer d'appartement, en lui offrant ce qu'il cherche dans un autre immeuble commis à nos soins. Par l'importance et le nombre des immeubles qui nous sont confiés, nous obtenons des entrepreneurs des conditions spéciales pour les travaux d'entretien et de réparations.

La gérance ne constitue pas une charge pour le propriétaire en raison de la plus-value que nous apportons aux revenus des immeubles que nous administrons.

Conditions et références à la disposition de MM. les Propriétaires.

Adresser toutes demandes de renseignements à M. Raoul Schwob, docteur en droit, 8, rue Drouot. (Visible de 2 à 6 h. ou sur rendez-vous). Téléphone 163-53.

LES PRÊTS DU CRÉDIT FONCIER

Une combinaison intéressante pour augmenter ses revenus.

Le Crédit Foncier consent sur les immeubles des prêts hypothécaires de deux sortes.

1°) **des prêts à court terme sans amortissement,** pour une durée de 1 à 9 ans, au choix de l'emprunteur qui ne peut se libérer par anticipation. L'intérêt de ces prêts est de 4 fr. 30 % par an.

2°) **des prêts à long terme amortissables** dans un délai de 10 à 75 ans. L'intérêt est le même que pour les prêts à court terme, soit 4 fr. 30 % ; mais en sus, l'emprunteur paie une prime d'amortissement qui est d'autant moins élevé que la durée de l'amortissement choisi est plus longue. Ainsi pour un prêt amortissable en 75 ans (le plus usuel) la prime d'amortissement est de 0 fr. 18 % par an ce qui porte l'annuité totale, intérêt et amortissement à 4 fr. 48 %.

Moyennant le paiement de cette annuité le prêt se trouve complètement éteint en 75 années. Ainsi donc pour les prêts amortissables, pas d'échéance de capital, pas de frais de renouvellement .

L'emprunteur a toujours le droit de se libérer par anticipation, en profitant de l'amortissement déjà opéré.

Il peut faire des remboursements partiels. Le prêt n'a en réalité que la durée qu'il convient à l'emprunteur de lui donner.

C'est aux prêts amortissables que va surtout la faveur du public. C'est qu'en effet ce sont les plus pratiques. Nous voudrions ici faire bien comprendre par un exemple, quels avantages ils offrent, notamment aux commerçants.

Supposons un négociant ayant mis de côté un capital de 50.000 fr., dont il n'a nul besoin pour ses affaires et qu'il désire placer.

Il se gardera bien d'acheter des titres, sachant combien peu de revenu donnent les bonnes valeurs et combien de soucis donnent les autres.

Son intention est d'acquérir un immeuble. Il achète donc une maison de rapport de 100.000 francs, en paie la moitié en contractant un emprunt de 50.000 francs au Crédit Foncier, amortissable en 75 ans, au taux de 4 fr. 48 %, ce qui fait ressortir l'annuité à payer à 2.240 francs.

Nous allons montrer tout d'abord que cet emprunt est une cause de bonification du revenu.

En effet, supposons que l'immeuble acheté rapporte bien net 5.500 fr., soit du 5 ½ % puisque son prix est de 100.000 francs. Après avoir payé l'annuité de 2.240 francs au Crédit Foncier il restera net 3.260 francs pour un capital déboursé de 50.000 francs, soit du 6.50 %. Le taux de revenu a donc augmenté de 1 %. La bonification est, on le voit, assez sensible.

Mais chaque année notre commerçant qui est resté dans les affaires met une dizaine de mille francs de côté. Que va-t-il faire de cet argent. L'employer en valeurs ? Non pas. Il a plus d'intérêt à rembourser de l'argent pour lequel on lui demande 4 fr. 48 %, qu'à acheter des valeurs, qui, si elles sont de tout repos, ne lui donneront que du 2 ½ ou 3 %. Grâce aux remboursements partiels que le Crédit Foncier accepte, notre commerçant ira lui porter son argent et diminuera sa dette.

Enfin supposons qu'au bout de quelques années, il ait l'intention de rembourser entièrement le Crédit Foncier : on lui tient compte de l'amortissement couru. Même s'il n'a fait aucun remboursement particl auparavant, il ne doit plus 50.000 francs. Sa dette a diminué.

Il peut d'ailleurs, s'il le préfère, ne rien rembourser du tout et laisser le prêt s'éteindre peu à peu par le jeu de l'amortissement. Il n'a de ce chef aucune préoccupation : pas d'échéance de capital, pas de frais de renouvellement.

☞ **Nous sommes à même de soumettre à MM. les Propriétaires un choix important d'immeubles avantageux dans tous les quartiers et dans tous les prix et, notamment, grevés de prêts du Crédit Foncier ou autres.**

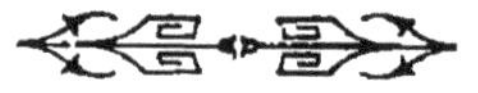

VENTES AMIABLES ET VENTES EN ADJUDICATIONS

Les Frais d'acquisition.

Les frais inhérents aux ventes d'immeubles varient d'une façon notable, selon que la mutation se fait à l'amiable ou par adjudication. Peu d'acquéreurs s'en rendent compte et la plupart sont désagréablement surpris après leur achat de trouver l'addition excessive et dépassant généralement leurs prévisions les plus pessimistes.

La vente qui ne comporte aucun aléa au point de vue de frais est celle qui a lieu à l'amiable ou de gré à gré. Là, les frais sont pour ainsi dire d'une fixité absolue. L'acheteur peut connaître avant son acquisition le quantum des frais qu'il aura à supporter. Voici comment s'en établit le décompte :

Enregistrement de l'acte de vente...........	7 %
Honoraires du notaire........................	1 %
Transcription aux hypothèques................	0,25 %

soit un total de 8, 25 %, auquel il y a lieu d'ajouter le coût du titre, c'est-à dire de la grosse, dont le prix peut varier, selon l'importance de 40 à 100 fr. On est donc certain que, pour cette catégorie de ventes, les frais ne peuvent osciller qu'entre 8,30 et 8,40 %.

Dans les ventes par adjudication à la Chambre des Notaires, les fluctuations sont plus redoutables. Outre les honoraires du notaire, plus élevés ici de 0.50 %, il y a lieu d'ajouter aux frais ordinaires le coût de la publicité plus ou moins étendue qui a précédé l'adjudication ; de plus, le paiement ne pouvant avoir lieu le plus souvent que dans les 4 mois qui suivent l'adjudication, la note s'augmente encore des frais de quittance qui dépassent 1 %. L'ensemble des frais atteint environ 11 % et dépasse ce chiffre dans bien des cas.

A l'audience des criées du Palais de Justice, les frais sont plus importants encore, car ils comprennent, soit les frais de saisie immobilière, soit ceux de la procédure de licitation. En général, ils s'élèvent à 13 ou 14 %.

Ainsi qu'on le voit les ventes amiables sont les moins onéreuses. Aussi sont-elles les plus recherchées.

NOS SERVICES

GÉRANCE : Conditions et références à la disposition de MM. les propriétaires.

VENTES D'IMMEUBLES : Grâce à notre importante clientèle, nous sommes à même de solutionner dans le plus bref délai les ventes qui nous sont confiées. Discrétion absolue. Notre commission ne nous est acquise qu'après réalisation de la vente et encaissement du prix par le vendeur.

VENTES A RENTE VIAGÈRE : Nous nous occupons spécialement de ventes d'immeubles à rente viagère et pouvons offrir des taux sensiblement plus rémunérateurs que ceux des Compagnies d'assurances françaises ou étrangères, tout en présentant aux vendeurs des garanties au moins égales.

Consultations et Expertises gratuites

Adresser toutes demandes de renseignements à l'Administrateur : **M. Raoul SCHWOB**, docteur en droit, **rue Drouot, 8, Paris.**

Téléphone : **163.53**. Bureaux ouverts de 9 h. à midi et de 2 à 6 h

www.ingramcontent.com/pod-product-compliance
Ingram Content Group UK Ltd.
Pitfield, Milton Keynes, MK11 3LW, UK
UKHW022138260726
13993UKWH00005B/2008

9 782329 151335